Impressum
Verlag: BABADADA GmbH, Nedderfeld 112 , 22529 Hamburg
Geschäftsführer / Verlagsleitung: Harald Hof
Druck: Books on Demand GmbH, In de Tarpen 42, 22848 Norderstedt

Imprint
Publisher: BABADADA GmbH, Nedderfeld 112 , 22529 Hamburg, Germany
Managing Director / Publishing direction: Harald Hof
Print: Books on Demand GmbH, In de Tarpen 42, 22848 Norderstedt

學校

škola

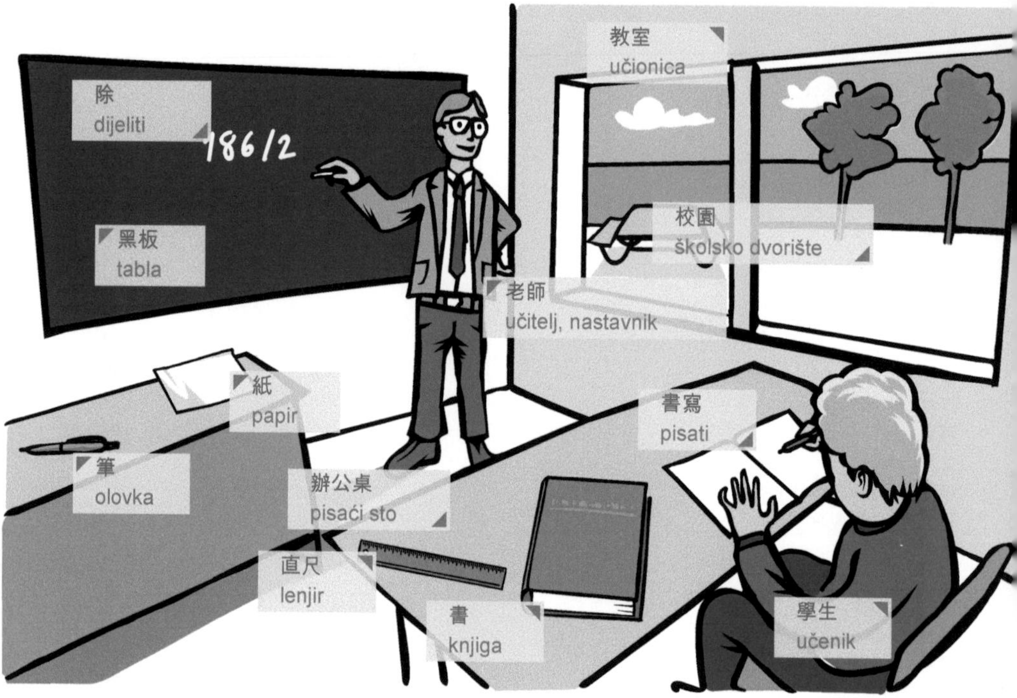

教室
učionica
除
dijeliti
186/2
黑板
tabla
校園
školsko dvorište
老師
učitelj, nastavnik
紙
papir
書寫
pisati
筆
olovka
辦公桌
pisaći sto
直尺
lenjir
書
knjiga
學生
učenik

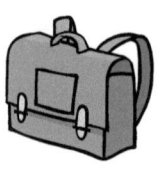

書包
torba

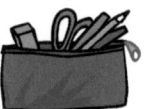

鉛筆盒
pernica

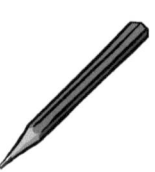

鉛筆
drvena olovka

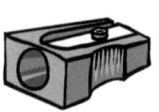

削鉛筆機
šiljalo za olovke

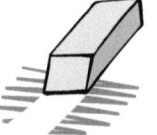

橡皮擦
gumica

畫板
blok za crtanje

圖畫

crtež

畫筆

kist

顏料盒

kutija s bojama

剪刀

makaze

膠水

ljepilo

練習冊

vježbanka

家庭作業

domaća zadaća

數字

broj

加

sabirati

減

oduzimati

乘

množiti

計算

računati

字母

slovo

字母表

abeceda

字

riječ

學校 - škola

3

課文
tekst

讀
čitati

粉筆
kreda

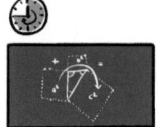

上課
sat

登記
školski dnevnik

考試
ispit

證書
svjedočanstvo

校服
školska uniforma

教育
izobrazba

百科全書
leksikon

大學
univerzitet

顯微鏡
mikroskop

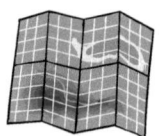

地圖
karta

廢紙簍
korpa za papir

旅行

putovanje

飯店
hotel
Grand
青年旅社
hostel
ROOMS
外幣兌換處
mjenjačnica
EXCHANGE
手提箱
kofer
汽車
auto

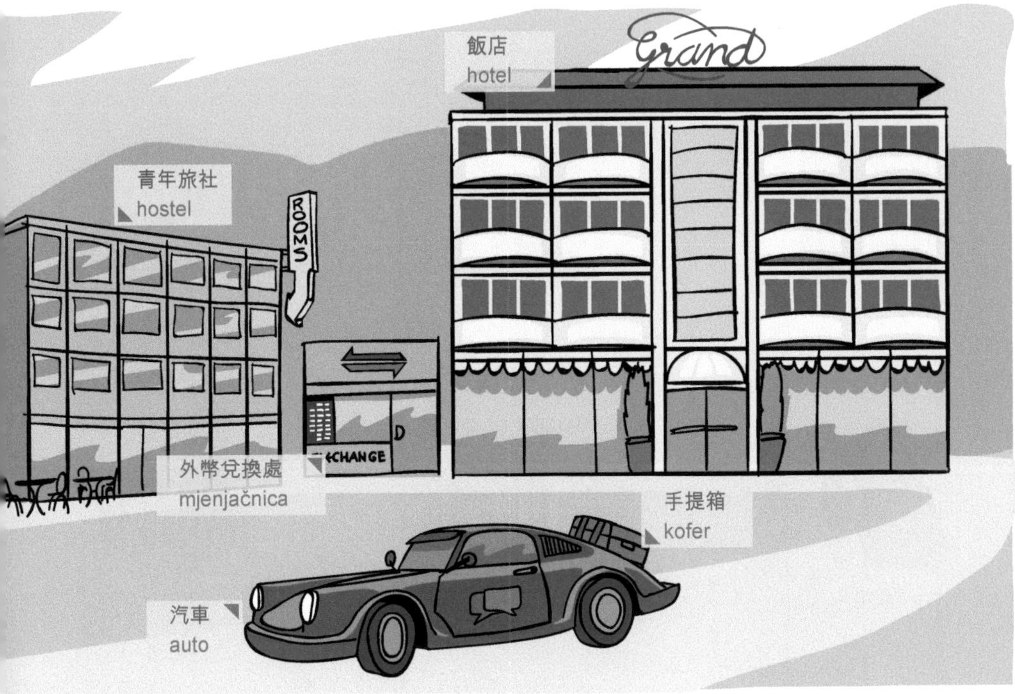

語言

jezik

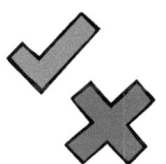

是/否

da / ne

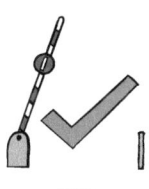

好的

okej

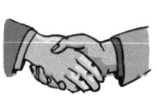

您好

zdravo

翻譯人員

tumač

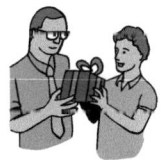

謝謝

hvala

……多少錢？

Koliko košta...?

我不明白

Ne razumijem

問題

problem

晚上好！

dobro veče!

早上好！

Dobro jutro!

晚安！

Laku noć!

再見

doviđenja

方向

smjer

行李

prtljag

包

torba

背包

ruksak

客人

gost

房間

soba

睡袋

vreća za spavanje

帳篷

šator

旅行資訊
turističke informacije

海灘
plaža

信用卡
kreditna kartica

早餐
doručak

午餐
ručak

晚餐
večera

票
putna karta

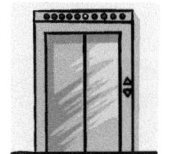

電梯
lift

郵票
poštanska markica

邊界
granica

海關
carina

大使館
ambasada

簽證
viza

護照
pasoš

旅行 - putovanje

交通運送

transport

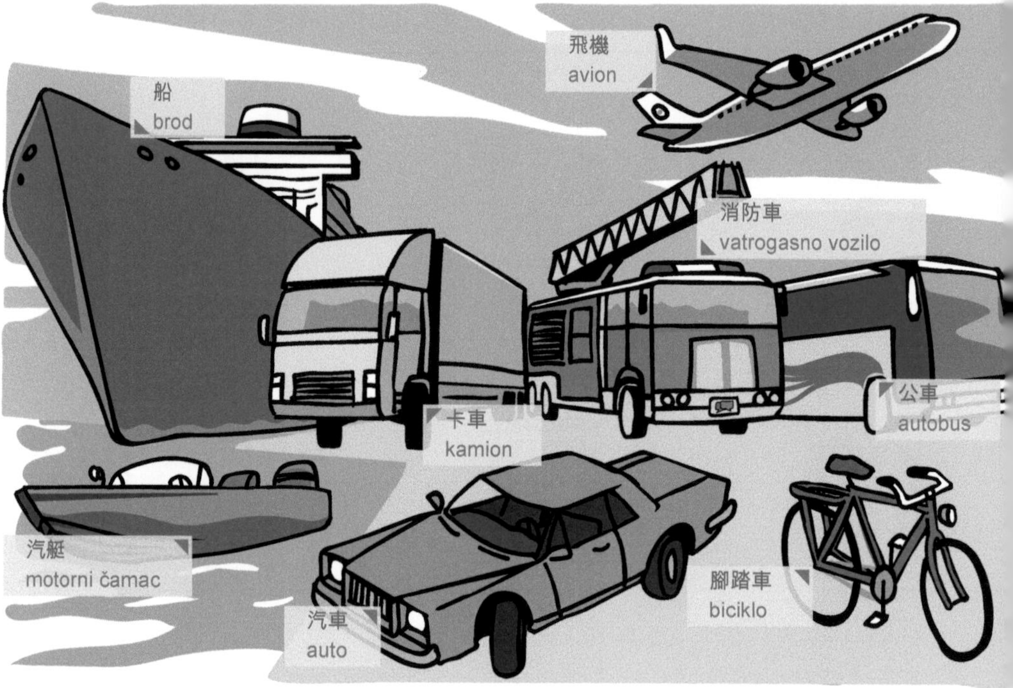

飛機
avion
船
brod
消防車
vatrogasno vozilo
公車
autobus
卡車
kamion
汽艇
motorni čamac
腳踏車
biciklo
汽車
auto

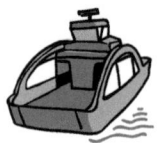

渡輪

trajekt

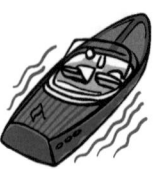

小船

brod

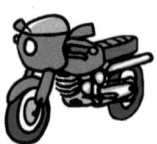

機車

motocikl

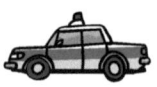

警車

policijski automobil

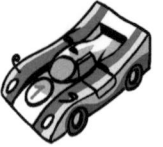

賽車

trkaći automobil

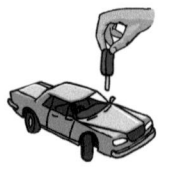

租車

unajmljeni automobil

拼車
kar-šering

拖車
pauk

垃圾車
smećarsko vozilo

馬達
motor

汽油
gorivo

加油站
benzinska pumpa

交通標識
saobraćajni znak

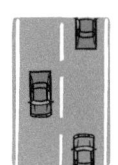

交通
saobraćaj

交通堵塞
zastoj

停車場
parking

火車站
željeznička stanica

軌道
šine

火車
voz

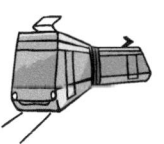

路面電車
tramvaj

客車廂
vagon

直升機

helikopter

機場

aerodrom

塔

toranj

乘客

putnik

集裝箱

kontejner

紙板箱

karton

手推車

tačke

籃子

korpa

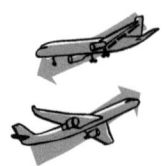

起飛/降落

poletjeti / sletjeti

城市

grad

村莊

selo

市中心

centar grada

房子

kuća

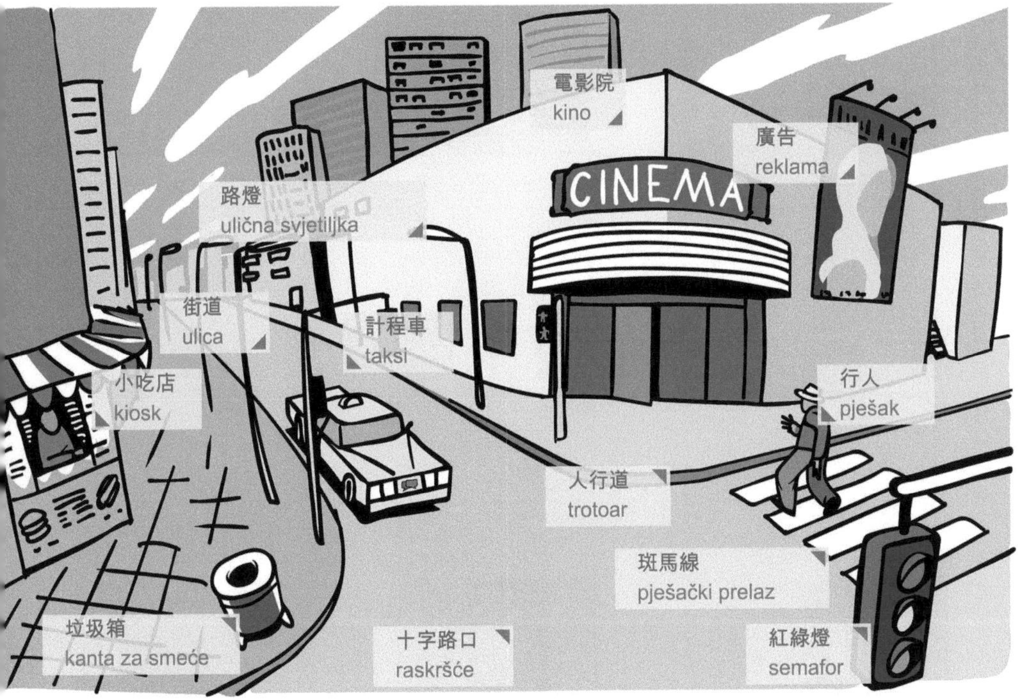
電影院
kino
廣告
reklama
CINEMA
路燈
ulična svjetiljka
街道
ulica
計程車
taksi
小吃店
kiosk
行人
pješak
人行道
trotoar
斑馬線
pješački prelaz
垃圾箱
kanta za smeće
十字路口
raskršće
紅綠燈
semafor

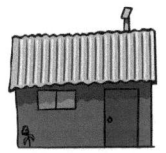

小屋

koliba

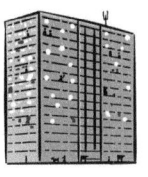

公寓

stan

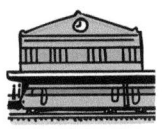

火車站

željeznička stanica

市政廳

vjećnica

MUSEUM

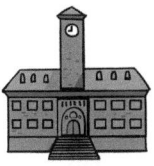

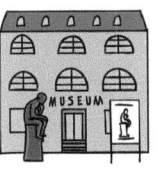

博物館

muzej

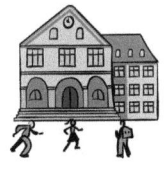

學校

škola

大學
univerzitet

銀行
banka

醫院
bolnica

飯店
hotel

藥房
apoteka

辦公室
ured

書店
knjižara

商店
radnja

花店
cvjećara

超市
supermarket

市場
pijaca

百貨商店
robna kuća

魚店
prodavač ribe

購物中心
trgovački centar

海港
luka

公園

park

長凳

klupa

橋

most

樓梯

stepenice

捷運

podzemna željeznica

隧道

tunel

公車站

autobuska stanica

酒吧

bar

餐館

restoran

郵筒

poštanski sandučić

路標

saobraćajni znak

停車計時器

sat za naplatu parkinga

動物園

zoološki vrt

游泳池

bazen

清真寺

džamija

城市 - grad

農場
seosko imanje

污染
zagađenje okoline

墓地
groblje

教堂
crkva

操場
igralište

寺廟
hram

地形
krajolik

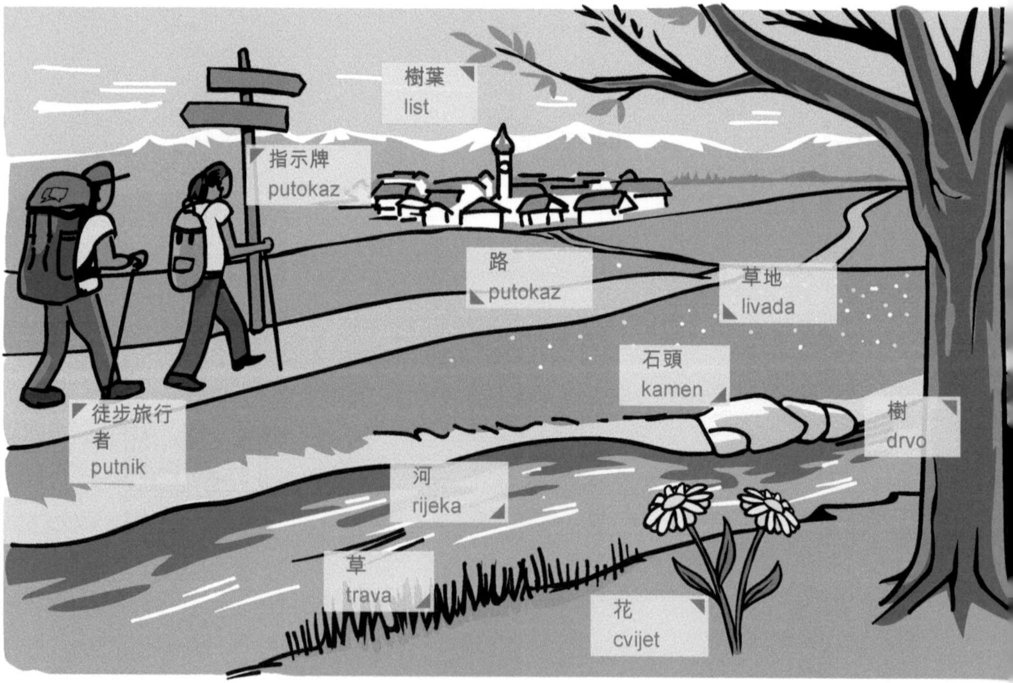

樹葉
list

指示牌
putokaz

路
putokaz

草地
livada

石頭
kamen

樹
drvo

徒步旅行者
putnik

河
rijeka

草
trava

花
cvijet

峽谷

dolina

丘陵

brdo

湖

jezero

森林

šuma

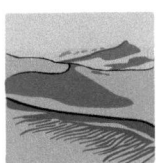

沙漠

pustinja

火山

vulkan

城堡

dvorac

彩虹

duga

蘑菇

gljiva

棕櫚樹

palma

蚊子

komarac

蒼蠅

muha

螞蟻

mrav

蜜蜂

pčela

蜘蛛

pauk

甲蟲
buba

青蛙
žaba

松鼠
vjeverica

刺蝟
jež

野兔
zec

貓頭鷹
sova

鳥
ptica

天鵝
labud

野豬
divlja svinja

鹿
jelen

麋鹿
los

水壩
brana

風力發電機
vjetrenjača

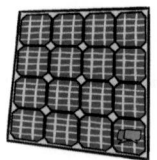

太陽能電池板
solarni modul

氣候
klima

服務生
konobar

菜譜
jelovnik

椅子
stolica

湯
supa

披薩餅
pica

桌布
stolnjak

餐具
pribor za jelo

前菜

predjelo

主菜

glavno jelo

甜點

desert

飲料

piće

食物

jelo

瓶子

flaša

速食

brza hrana

街邊小吃

jelo sa ulice

茶壺

čajnik

糖盒

šećernica

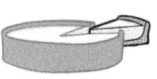

一份飯菜

porcija

義式咖啡機

mašina za espreso

高腳椅

barska stolica

帳單

račun

托盤

tacna

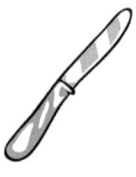

刀

nož

餐叉

viljuška

勺子

kašika

茶匙

kašičica

餐巾

salveta

玻璃杯

čaša

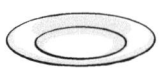

碟子
tanjir

湯盤
tanjir za supu

碟子
tanjurić

醬
sos

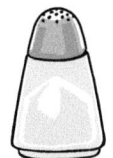

鹽瓶
solanik

胡椒研磨罐
mlin za biber

醋
sirće

食用油
ulje

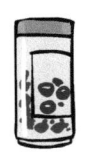

調味料
začini

番茄醬
kečap

芥末
senf

美乃滋
majoneza

超市

supermarket

特價
ponuda
FOR
顧客
klijent
乳製品
mliječní proizvodi
水果
voće
購物車
kolica za kupovinu

BUTCHERS

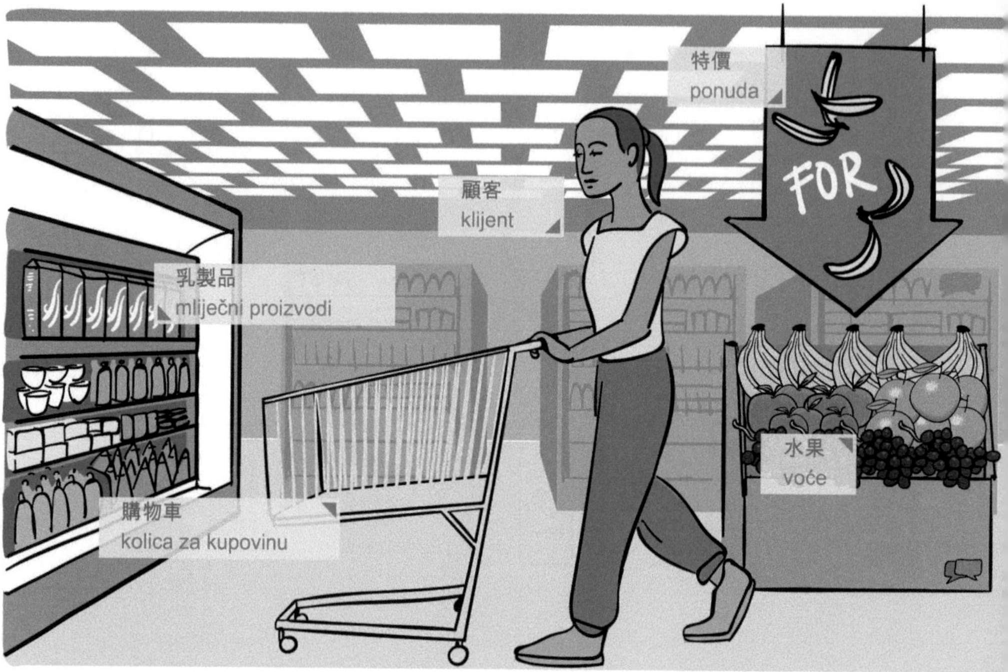

肉鋪

mesnica- klaonica

BAKERY

麵包店

pekara

稱重

vagati

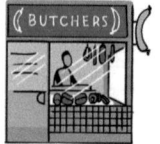

蔬菜

povrće

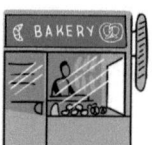

肉

meso

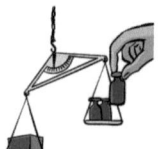

冷凍食品

zaleđena hrana

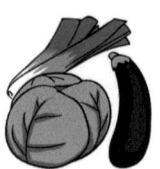

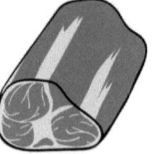

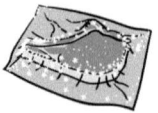

冷盤
narezak

罐頭食品
konzerve

洗衣粉
prašak za veš

甜食
slatkiši

日用品
kućanski proizvodi

清潔用品
sredstvo za čišćenje

銷售員
prodavačica

收銀機
kasa

收銀員
blagajnik

購物清單
lista za kupovinu

開放時間
radno vrijeme

錢包
novčanik

信用卡
kreditna kartica

袋子
torba

塑膠袋
najlonska vrećica

pića

水
voda

果汁
sok

牛奶
mlijeko

可樂
kola

紅酒
vino

啤酒
pivo

酒
alkohol

可可
kakao

茶
čaj

咖啡
kafa

義式濃縮咖啡
espreso

卡布奇諾
kapućino

香蕉

banana

蘋果

jabuka

柳丁

narandža

西瓜

lubenica

檸檬

limun

胡蘿蔔

mrkva

大蒜

bijeli luk

竹子

bambus

洋蔥

crveni luk

蘑菇

gljiva

堅果

orašasti plodovi

麵條

pasta

義大利麵

špagete

米飯

riža

沙拉

salata

薯條

pomfrit

炸馬鈴薯

pečeni krompir

披薩餅

pica

漢堡

hamburger

三明治

sendvič

炸豬排

šnicla

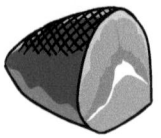

火腿

šunka

義大利臘腸

kobasica

香腸

kobasica

雞肉

kokoš

烤肉

pečenje

魚

riba

燕麥片

zobene pahuljice

木斯里

muzli

玉米片

kornfleks

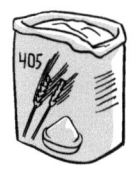

麵粉

brašno

牛角麵包

kroason

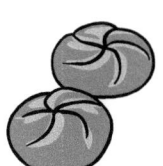

麵包捲

zemičke

麵包

kruh

吐司

tost

餅乾

keksi

奶油

maslac

凝乳

svježi sir

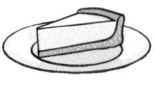

蛋糕

kolač

蛋

jaje

煎蛋

jaje na oko

起司

sir

食物 - jelo

冰淇淋

sladoled

糖

šećer

蜂蜜

med

果醬

marmelada

巧克力醬

nugat krema

咖哩

kuri

農場
seosko imanje

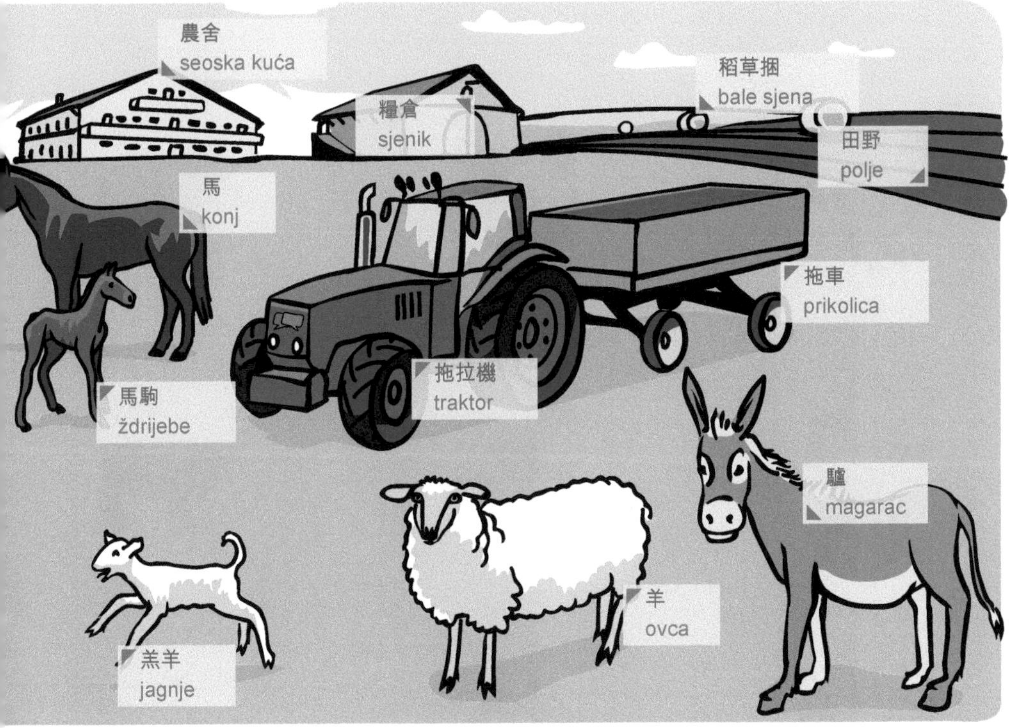
農舍
seoska kuća
糧倉
sjenik
稻草捆
bale sjena
田野
polje
馬
konj
拖車
prikolica
拖拉機
traktor
馬駒
ždrijebe
驢
magarac
羊
ovca
羔羊
jagnje

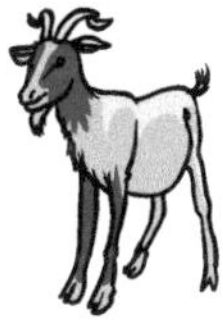
山羊
koza

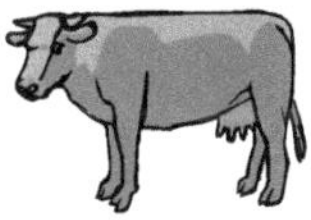
奶牛
krava

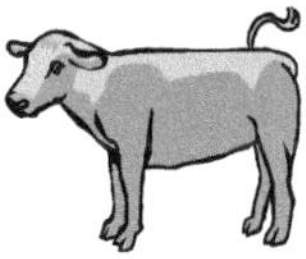
小牛
tele

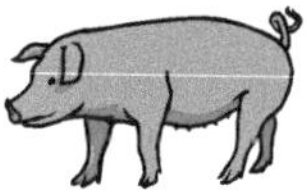
豬
svinja

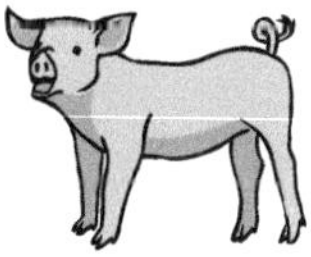
小豬
prase

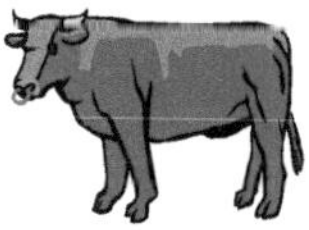
公牛
bik

鵝

guska

鴨

patka

小雞

pile

母雞

kokoška

公雞

pjetao

鼠

pacov

貓

mačka

老鼠

miš

牛

vol

狗

pas

狗屋

pseća kućica

花園澆水軟管

crijevo za baštu

澆水壺

kanta za zalijevanje

長柄大鐮刀

kosa

犁

plug

鐮刀

srp

鋤頭

motika

長柄草耙

vile

斧頭

sjekira

獨輪手推車

tačke

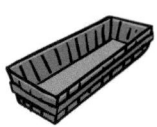

飼料槽

korito

牛奶罐

bokal za mlijeko

麻布袋

vreća

柵欄

ograda

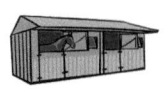

馬廄

štala

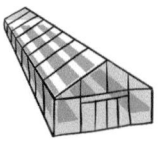

溫室

staklenik

土壤

tlo

種子

sjeme

肥料

đubrivo

聯合收割機

kombajn

農場 - seosko imanje

收割

kositi

收割

žetva

地瓜

jam korijen

小麥

pšenica

大豆

soja

土豆

krompir

玉米

kukuruz

油菜籽

uljana repica

果樹

drvo voća

樹薯

manioka

穀物

žito

房子
kuća

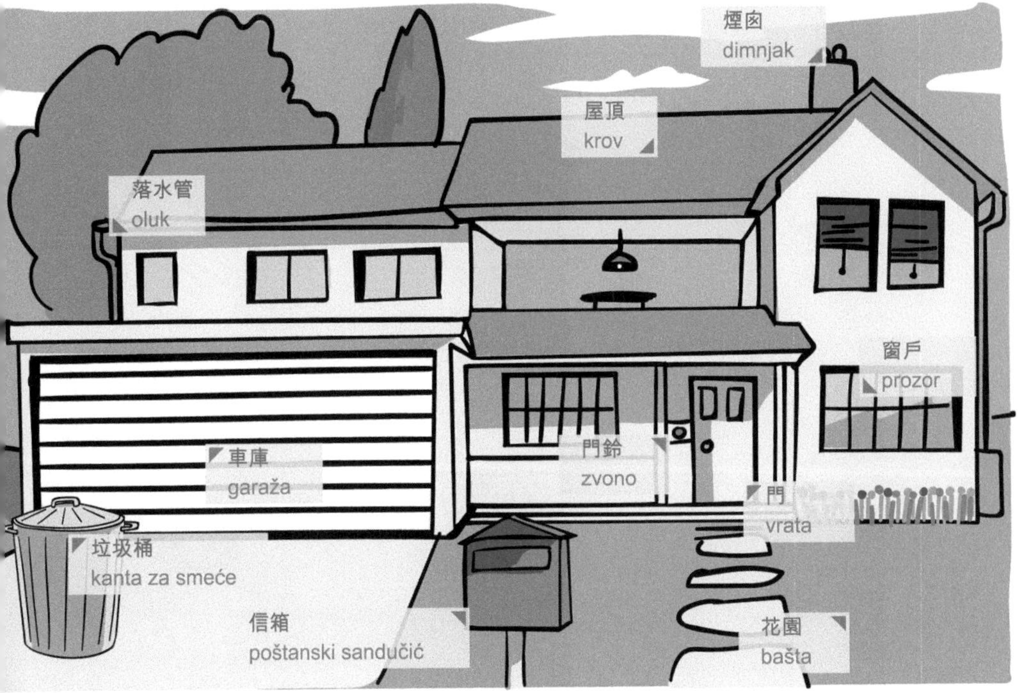

煙囪
dimnjak
屋頂
krov
落水管
oluk
窗戶
prozor
車庫
garaža
門鈴
zvono
門
vrata
垃圾桶
kanta za smeće
信箱
poštanski sandučić
花園
bašta

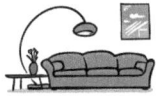

客廳

dnevni boravak

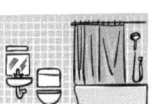

浴室

kupatilo

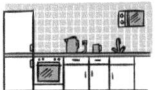

廚房

kuhinja

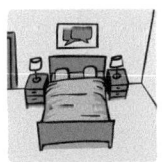

臥室

spavaća soba

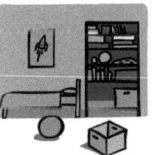

兒童房

dječija soba

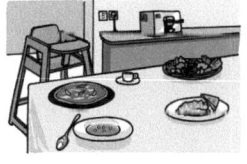

餐廳

trpezarija

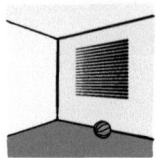

地板
pod, tlo

牆壁
zid

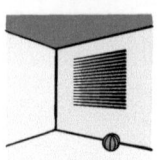

天花板
plafon

地窖
podrum

三溫暖
sauna

陽臺
balkon

露臺
terasa

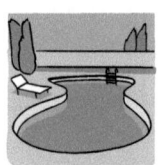

游泳池
bazen

割草機
kosilica

被單
posteljina

床罩
pokrivač

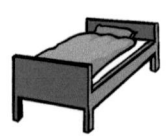

床
krevet

掃帚
metla

水桶
kanta

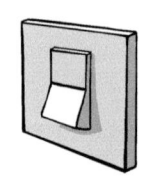

開關
prekidač

客廳

dnevni boravak

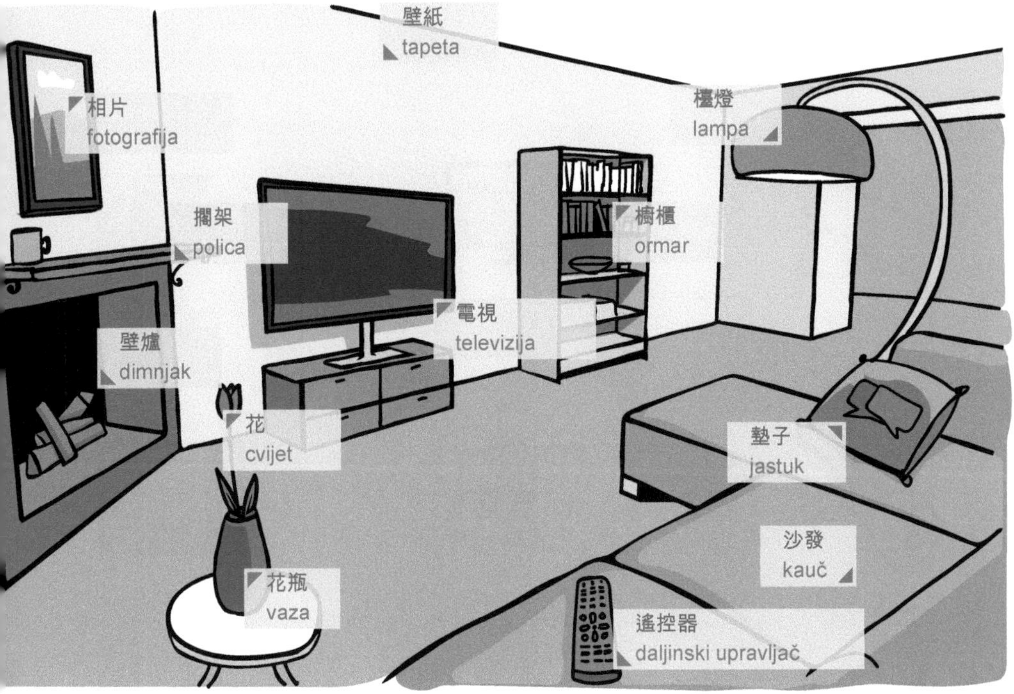
壁紙
tapeta
相片
fotografija
檯燈
lampa
擱架
polica
櫥櫃
ormar
電視
televizija
壁爐
dimnjak
花
cvijet
墊子
jastuk
沙發
kauč
花瓶
vaza
遙控器
daljinski upravljač

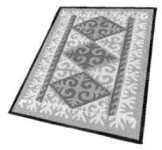

地毯

tepih

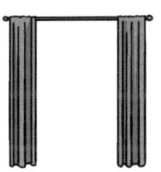

窗簾

zavjesa

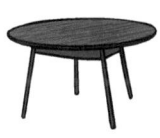

餐桌

stol

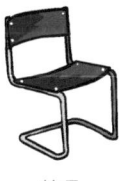

椅子

stolica

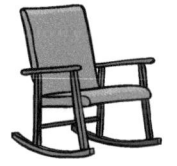

搖椅

stolica za ljuljanje

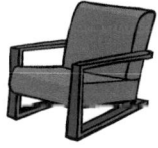

扶手椅

fotelja

書

knjiga

毯子

deka

裝飾品

dekoracija

木柴

ložno drvo

電影

film

高傳真音響

stereo uređaj

鑰匙

ključ

報紙

novine

油畫

umjetnička slika

海報

poster

收音機

radio

筆記本

blok za bilješke

吸塵器

usisavač

仙人掌

kaktus

蠟燭

svijeća

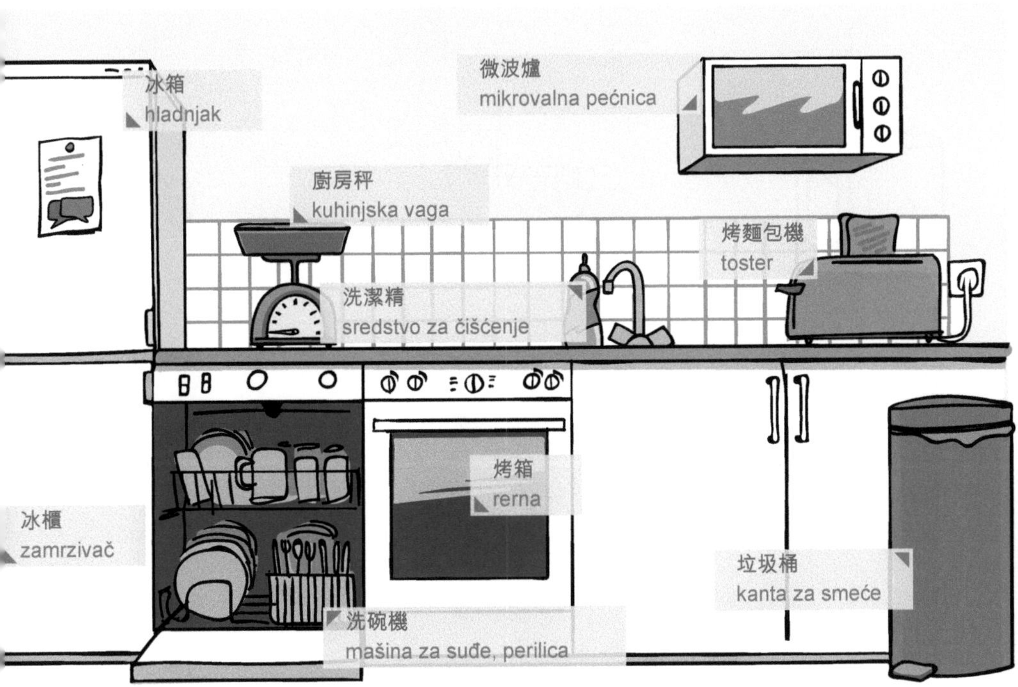

微波爐
mikrovalna pećnica

冰箱
hladnjak

廚房秤
kuhinjska vaga

烤麵包機
toster

洗潔精
sredstvo za čišćenje

冰櫃
zamrzivač

烤箱
rerna

垃圾桶
kanta za smeće

洗碗機
mašina za suđe, perilica

炊具
peć

鍋
lonac

鑄鐵鍋
metalni lonac

炒鍋
vok / kadai

平底鍋
tava, tiganj

水壺
kuhalo

蒸鍋

aparat za kuhanje na pari

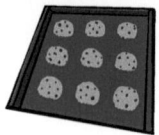

烤盤

lim za pečenje

陶瓷鍋

posuđe

馬克杯

šalica

碗

činija

筷子

kineski štapići

長柄勺

kutlača

鏟子

lopatica

攪拌器

metlica za snijeg bjelanjca

濾網

sito za kuhanje

篩子

sito

磨碎機

ribež

研缽

avan s tučkom

燒烤

roštilj

明火

ložište

36

廚房 - kuhinja

菜板

daska

擀麵杖

oklagija

開瓶器

vadičep

罐子

konzerva

開罐器

otvarač za konzerve

隔熱手套

krpe za lonac

水槽

sudoper

刷子

četka

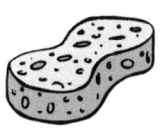

海綿

spužva

攪拌機

mikser

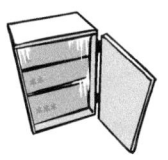

冷藏箱

zamrzivač

奶瓶

flašica za bebu

水龍頭

slavina

浴室
kupatilo

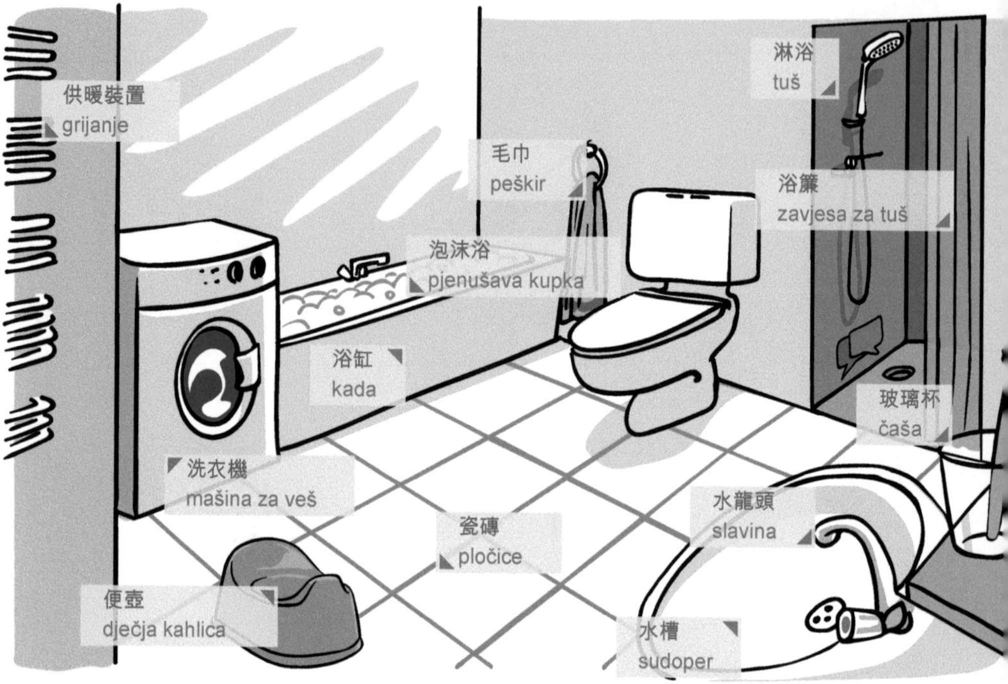

供暖裝置
grijanje
淋浴
tuš
毛巾
peškir
浴簾
zavjesa za tuš
泡沫浴
pjenušava kupka
浴缸
kada
玻璃杯
čaša
洗衣機
mašina za veš
水龍頭
slavina
瓷磚
pločice
便壺
dječja kahlica
水槽
sudoper

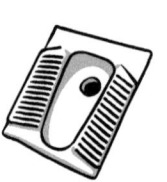

廁所
toalet

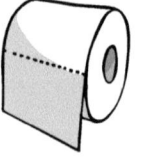

蹲便器
čučavac

坐浴器
bide

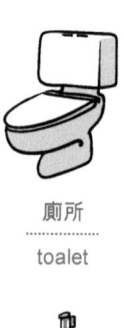

小便斗
pisoar

廁紙
toalet papir

馬桶刷
četka za wc

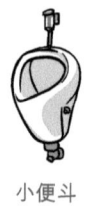

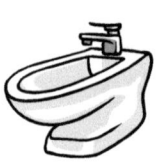

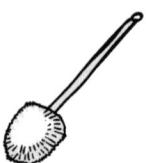

牙刷

četkica za zube

牙膏

pasta za zube

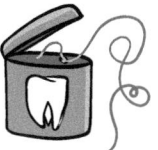

牙線

zubni konac

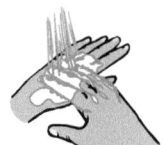

洗

prati

手持式蓮蓬頭

tuš

沖洗器

intimni tuš

洗臉盆

lavor

洗背刷

četka za leđa

肥皂

sapun

沐浴露

gel za tuširanje

洗髮乳

šampon

法蘭絨

krpe za pranje

排水

odvod

乳霜

krema

除臭劑

dezodorans

浴室 - kupatilo

鏡子

ogledalo

手鏡

ogledalo za šminkanje

刮鬍刀

brijač

刮鬍泡沫

pjena za brijanje

鬍後水

vodica poslije brijanja

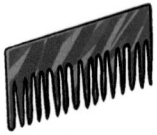

梳子

češalj

刷子

četka

吹風機

fen

噴髮定型劑

sprej za kosu

化妝品

puder

唇膏

karmin

指甲油

lak za nokte

化妝棉

vata

指甲剪

makazice za nokte

香水

parfem

洗漱包
kozmetička torbica

凳子
hoklica

計重秤
vaga

浴袍
kupaći ogrtač

橡膠手套
rukavice za čišćenje

衛生棉條
tampon

衛生棉
uložak za dame

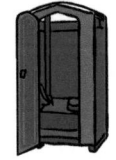

化學廁所
hemijski toalet

兒童房

dječija soba

鬧鐘
budilnik
毛絨玩具
plišana igračka
玩具車
auto za igru
撥浪鼓
zvečka
玩具屋
kućica za lutke
禮物
poklon

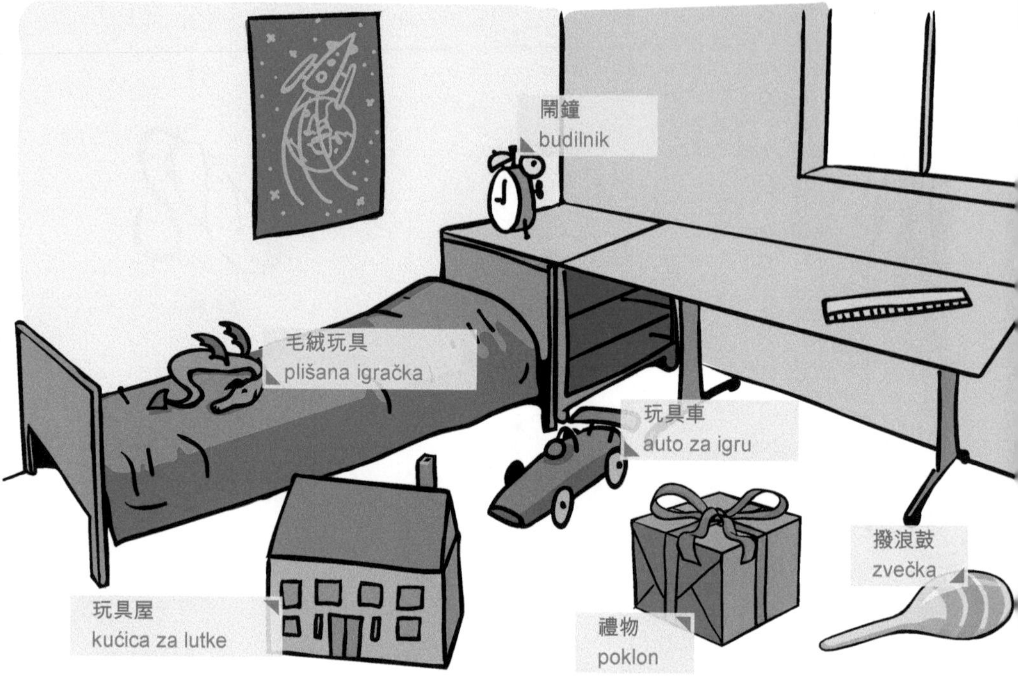

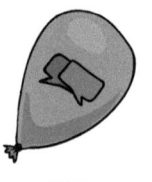

氣球

balon

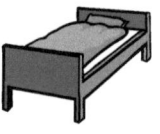

床

krevet

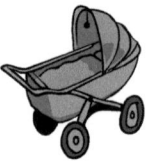

嬰兒車

kolica za djecu

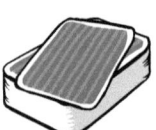

撲克牌

karte za igranje

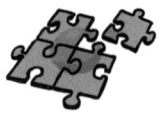

拼圖

puzle

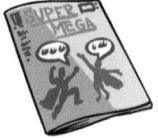

漫畫

strip

樂高積木

lego kockice

積木玩具

kockice za gradnju

公仔

akcione figure

嬰兒服

benkica

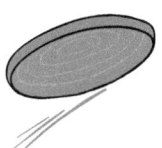

飛盤

frizbi

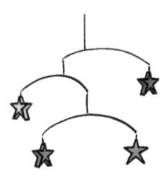

床鈴玩具

mobile

棋盤遊戲

igra na ploči

骰子

kocka

火車模型

miniatura željeznice

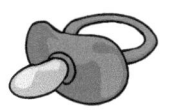

安撫奶嘴

cucla

派對

zabava

繪本

slikovnica

球

lopta

洋娃娃

lutka

玩

igrati

沙坑

pješćanik

鞦韆

ljuljačka

玩具

igračke

電玩遊戲

konzola za igru

三輪車

triciklo

泰迪熊

medvjedić

衣櫃

ormar

衣服

odjeća

襪子

kratke čarape

長襪

čarape

緊身褲

hulahopke

圍巾
šal

雨傘
kišobran

皮帶
kaiš

T恤
majica kratkih rukava

靴子
čizme

拖鞋
papuče

運動鞋
patike

涼鞋
sandale

鞋
cipele

雨靴
gumene čizme

內褲
gaće

胸罩
grudnjak

背心
potkošulja

衣服 - odjeća

身體
bodi

褲子
hlače

牛仔褲
farmerke

短裙
suknja

女式襯衫
bluza

襯衫
košulja

套頭衫
džemper

連帽上衣
majica

西裝夾克
sako

夾克
jakna

外套
mantil

雨衣
kišni mantil

套裝
kostim

連衣裙
haljina

婚紗
vjenčanica

衣服 - odjeća

西裝

odijelo

睡袍

spavaćica

睡衣

pidžama

莎麗

sari

頭巾

marama

包頭巾

turban

波卡

burka

卡夫坦

kaftan

(阿拉伯式)長袍

abaja

泳衣

kupaći kostim

男式泳褲

kupaće gaće

短褲

kratke hlače

運動服

trenerka

圍裙

pregača

手套

rukavice

鈕扣

dugme

眼鏡

naočare

手鏈

narukvica

項鍊

ogrlica

戒指

prsten

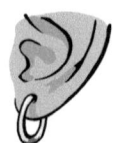

耳環

naušnica

便帽

kapa

衣架

vješalica

帽子

šešir

領帶

kravata

拉鍊

patentni zatvarač

安全帽

kaciga

背帶

tregeri za hlače

校服

školska uniforma

制服

uniforma

圍兜
podbradak

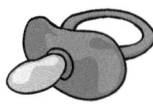

安撫奶嘴
cucla

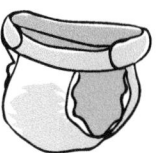

尿布
pelene

伺服器
server

檔案櫃
ormar za kartoteku

印表機
štampač

紙
papir

螢幕
monitor

辦公桌
pisaći sto

滑鼠
miš

資料夾
registrator

鍵盤
tastatura

廢紙簍
korpa za papir

椅子
stolica

電腦
kompjuter

咖啡杯
šolja za kafu

計算機
kalkulator

網際網路
internet

辦公室 - ured

筆記型電腦
laptop

信件
pismo

簡訊
poruka

行動電話
mobilni telefon

網路
mreža

影印機
aparat za kopiranje

軟體
softver

電話
telefon

插座
utičnica

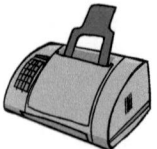

傳真機
faks

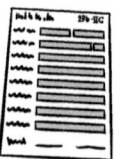

表格
formular

檔案
dokument

買
kupovati

付錢
platiti

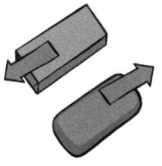

交易
trgovati

現金
novac

美元
dolar

歐元
euro

日元
jen

盧布
rublja

瑞士法郎
franak

人民幣
renminbi jen

盧比
rupi

提款處
bankomat

外幣兌換處

mjenjačnica

金

zlato

銀

srebro

石油

nafta

能源

energija

價格

cijena

合約

ugovor

稅金

porez

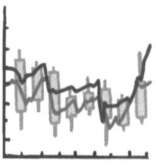

股票

akcija

工作

raditi

職員

službenik

老闆

poslodavac

工廠

fabrika

商店

radnja

職業

zanimanja

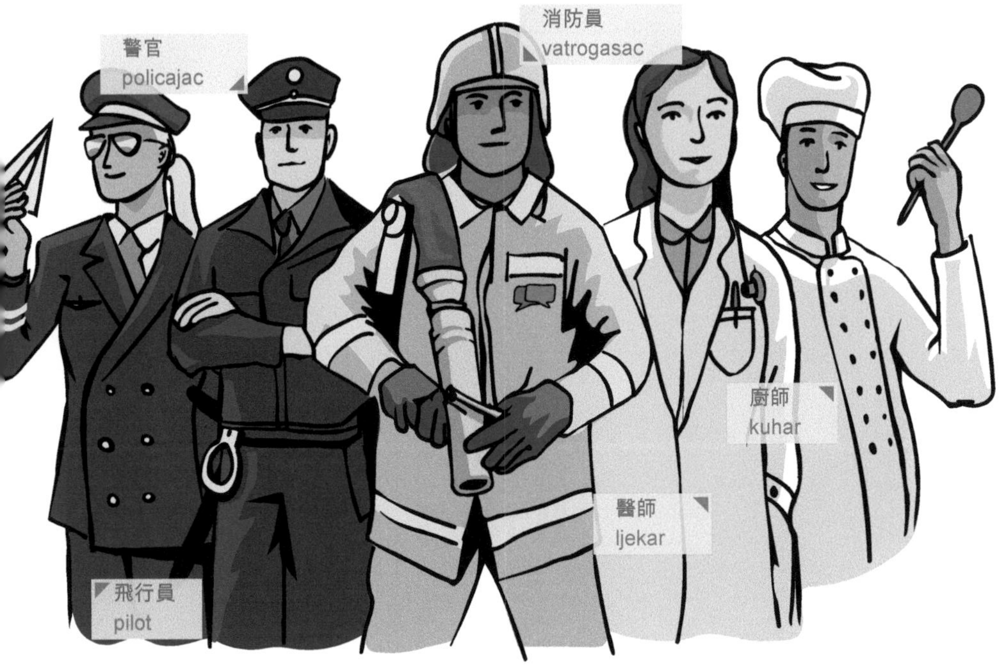

警官
policajac
消防員
vatrogasac
廚師
kuhar
醫師
ljekar
飛行員
pilot

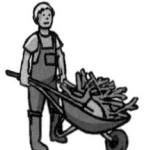

園丁
baštovan

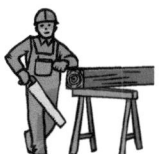

木匠
stolar

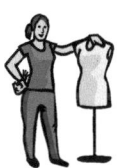

裁縫
krojačica

法官
sudija

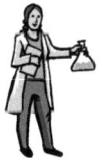

化學家
hemičar

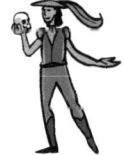

演員
glumac

公車司機

vozač autobusa

計程車司機

vozač taksija

漁夫

ribar

清洗女工

čistačica

屋頂工

krovopokrivač

服務生

konobar

獵人

lovac

畫家

moler

麵包師

pekar

電工

električar

建築工人

građevinski radnik

工程師

inženjer

屠夫

koljač

水管工

limar, vodoinstalater

郵差

poštar

士兵

vojnik

建築師

arhitekta

收銀員

blagajnik

花農

cvjećar

理髮師

frizer

售票員

kontrolor

機械技師

mehaničar

船長

kapiten

牙醫

zubar

科學家

naučnik

拉比

rabin

伊瑪目

imam

和尚

monah

牧師

sveštenik

工具

alat

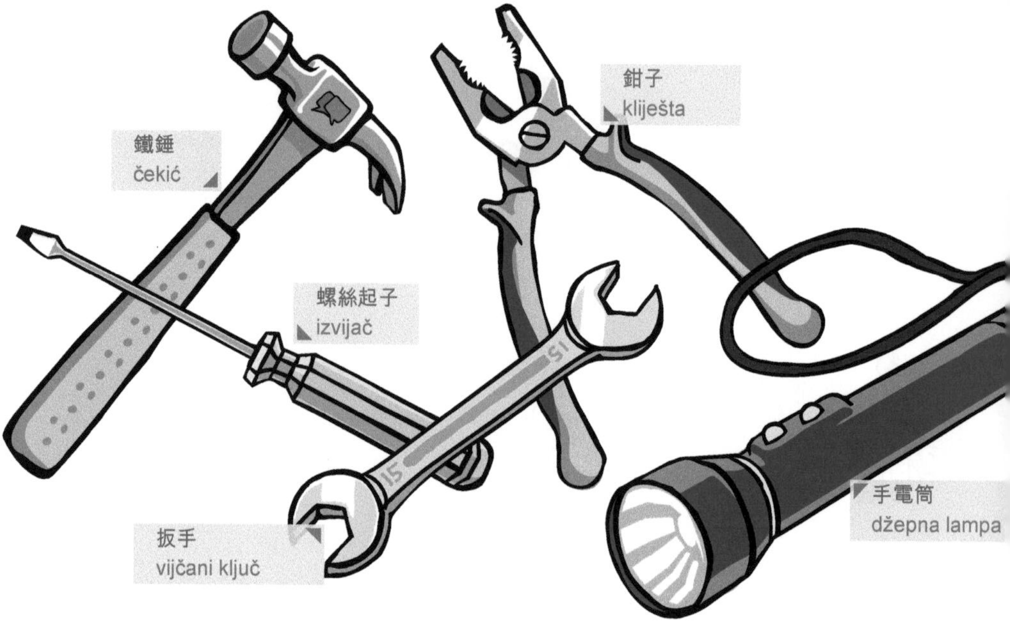

鐵錘
čekić
鉗子
klliješta
螺絲起子
izvijač
扳手
vijčani ključ
手電筒
džepna lampa

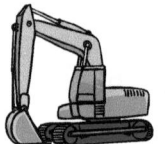

挖掘機

bager

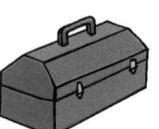

工具箱

kutija sa alatom

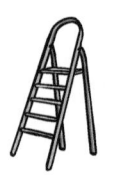

梯子

ljestve

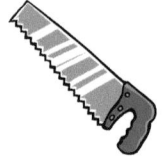

鋸子

testera, pila

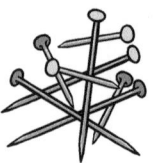

釘子

ekser

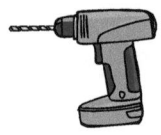

鑽機

bušilica

修
popraviti

鏟子
lopata

糟糕！
sranje!

畚箕
lopatica

油漆桶
kanta boje

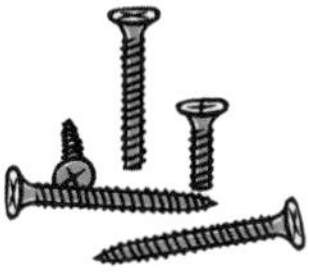

螺絲
vijak

樂器
muzički instrumenti

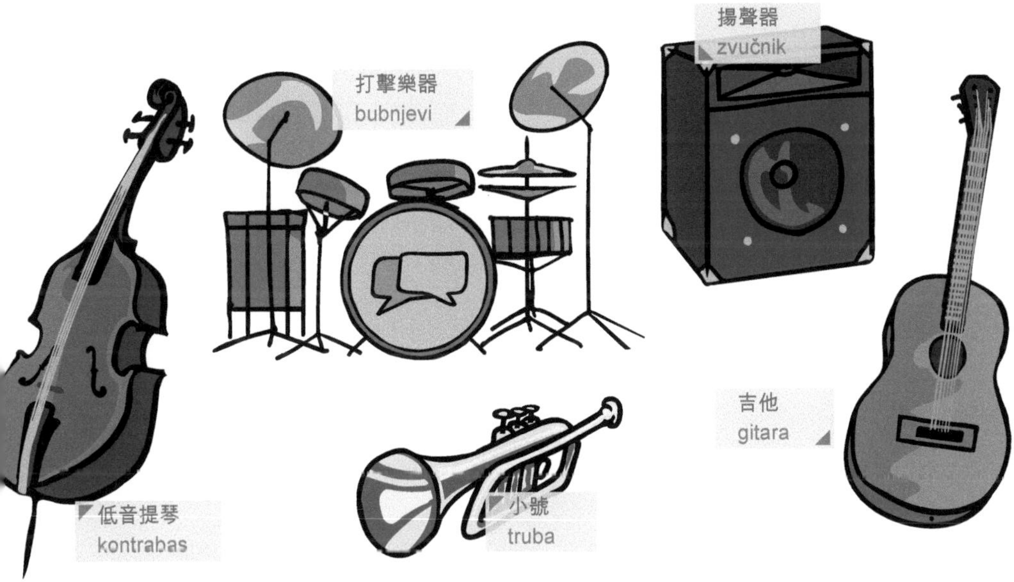

揚聲器
zvučnik

打擊樂器
bubnjevi

吉他
gitara

低音提琴
kontrabas

小號
truba

鋼琴

klavir

小提琴

violina

貝斯

bas

定音鼓

bubanj timpani

鼓

bubanj

電子琴

sintisajzer

薩克斯風

saksofon

長笛

flauta

麥克風

mikrofon

動物園

zološki vrt

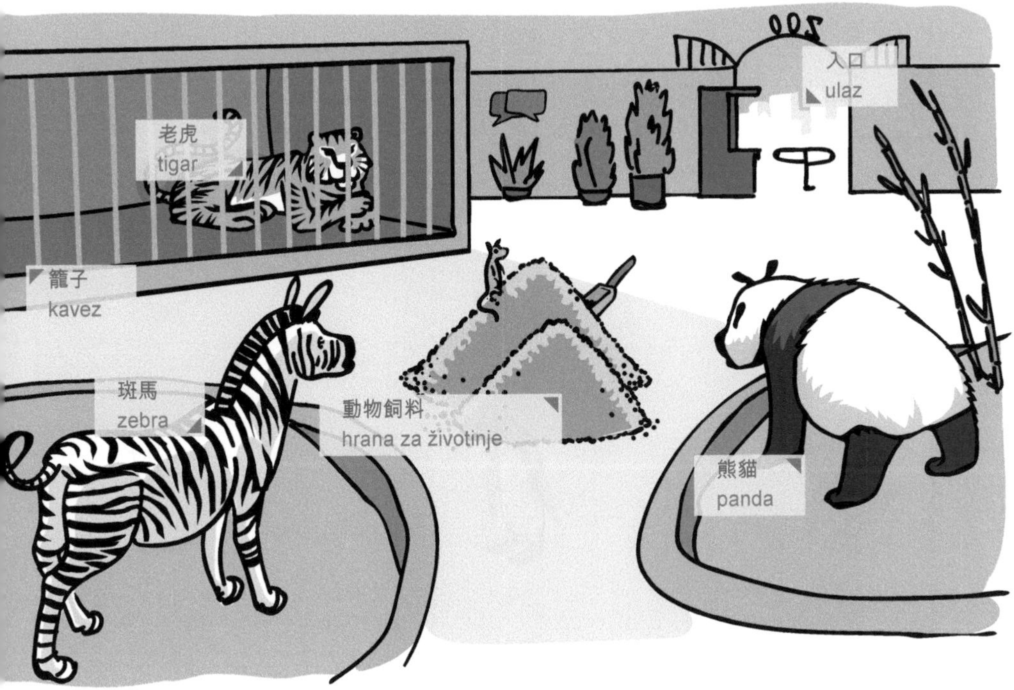

zoo
入口
ulaz
老虎
tigar
籠子
kavez
斑馬
zebra
動物飼料
hrana za životinje
熊貓
panda

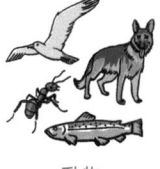

動物

životinje

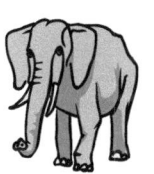

大象

slon

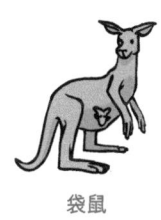

袋鼠

kengur

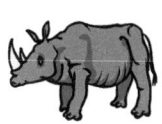

犀牛

nosorog

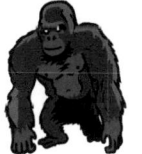

大猩猩

gorila

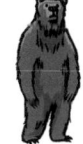

熊

medvjed

駱駝

kamila

鴕鳥

noj

獅子

lav

猴子

majmun

紅鶴

flamingo

鸚鵡

papagaj

北極熊

polarni medvjed

企鵝

pingvin

鯊魚

morski pas

孔雀

paun

蛇

zmija

鱷魚

krokodil

動物園管理員

čuvar u zološkom vrtu

海豹

tuljan

美洲豹

jaguar

矮種馬

poni

豹

leopard

河馬

nilski konj

長頸鹿

žirafa

老鷹

orao

野豬

divlja svinja

魚

riba

龜

kornjača

海象

morž

狐狸

lisica

羚羊

gazela

橄欖球
američki fudbal

騎腳踏車
vožnja bicikla

網球
tenis

籃球
košarka

游泳
plivanje

拳擊
boks

冰球
hokej na ledu

美式足球
fudbal

羽毛球
bedminton

田徑
laka atletika

手球
rukomet

滑雪
skijanje

馬球
polo

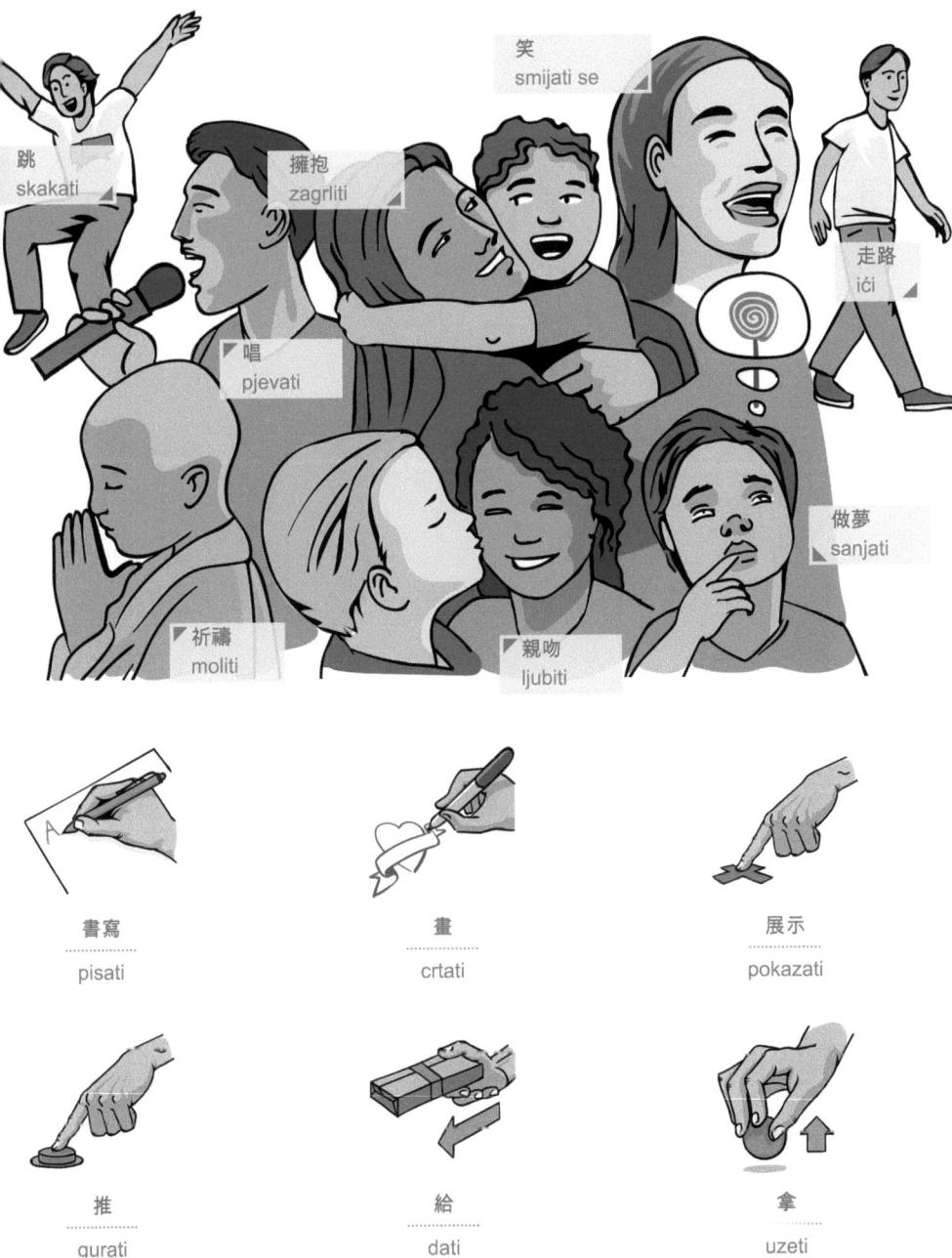

跳
skakati

擁抱
zagrliti

笑
smijati se

走路
ići

唱
pjevati

做夢
sanjati

祈禱
moliti

親吻
ljubiti

書寫
pisati

畫
crtati

展示
pokazati

推
gurati

給
dati

拿
uzeti

有
imati

做
raditi

當
biti

站
stajati

跑
trčati

拉
vući

丟
baciti

摔倒
pasti

躺
ležati

等待
čekati

攜帶
nositi

坐
sjediti

穿衣
obući

睡覺
spavati

醒來
probuditi

看
pogledati

哭
plakati

撃
milovati

梳頭
češljati

交談
govoriti

明白
razumjeti

問
pitati

聽
slušati

喝
piti

吃
jesti

清理
pospremiti

愛
voljeti

做飯
kuhati

開車
voziti

飛
letjeti

活動 - aktivnosti

航行
jedriti

計算
računati

讀
čitati

學習
učiti

工作
raditi

結婚
vjenčavti

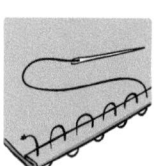

縫
šiti

刷牙
prati zube

殺
ubiti

抽菸
pušiti

寄
slati

祖母
baka

祖父
djed

父親
otac

母親
majka

嬰兒
beba

女兒
kćerka

兒子
sin

客人

gost

阿姨

ujna, tetka, strina

叔叔

ujak, tetak, stric

兄弟

brat

姐妹

sestra

身體

tijelo

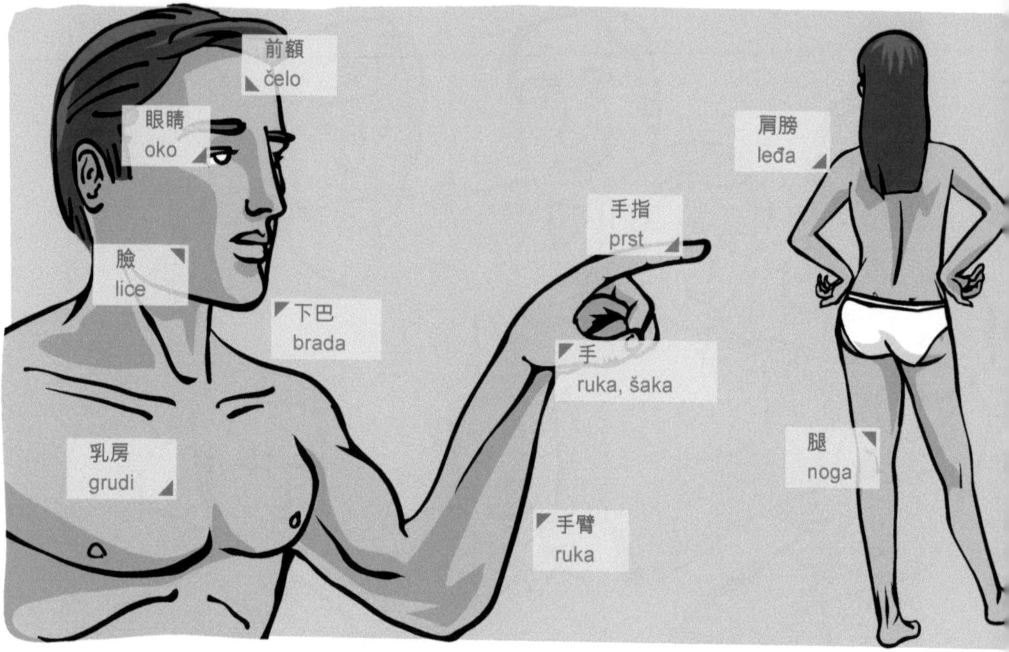
前額
čelo
眼睛
oko
肩膀
leđa
手指
prst
臉
lice
下巴
brada
手
ruka, šaka
乳房
grudi
腿
noga
手臂
ruka

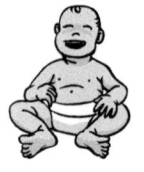

嬰兒

beba

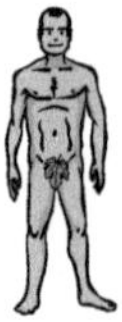

男人

muškarac

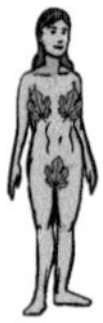

女人

žena

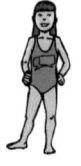

女孩

djevojčica

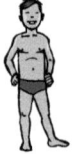

男孩

dječak

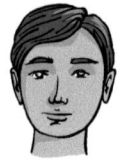

頭

glava

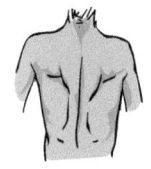

背部

leđa

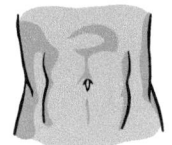

肚子

stomak

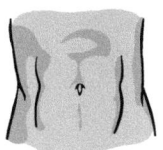

肚臍

pupak

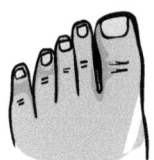

腳趾

nožni prst

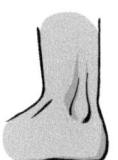

腳後跟

peta

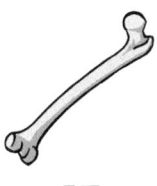

骨頭

kosti

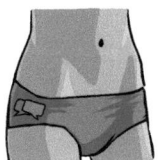

臀部

kuk

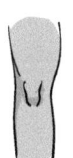

膝蓋

koljeno

手肘

lakat

鼻子

nos

屁股

stražnjica

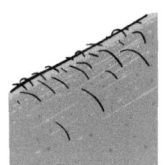

皮膚

koža

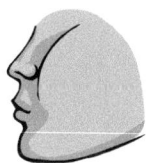

臉頰

obraz

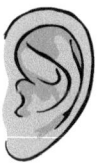

耳朵

uho

嘴唇

usna

嘴
usta

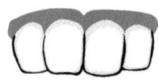

牙齒
zub

舌頭
jezik

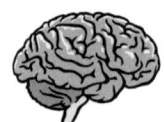

腦
mozak

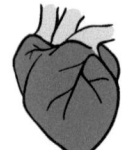

心臟
srce

肌肉
mišić

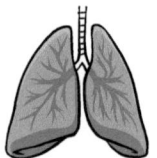

肺
pluća

肝臟
jetra

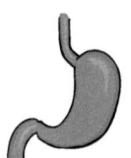

胃
želudac

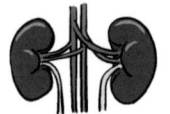

腎臟
bubreg

性交
spolni odnos

保險套
kondom

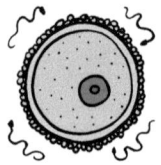

卵子
jajna ćelija

精子
sperma

懷孕
trudnoća

身體 - tijelo

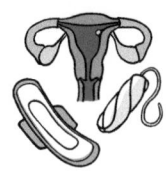

月事

menstruacija

陰道

vagina

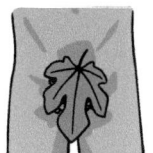

陰莖

penis

眉毛

obrva

頭髮

kosa

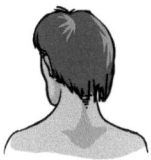

脖子

vrat

醫院

bolnica

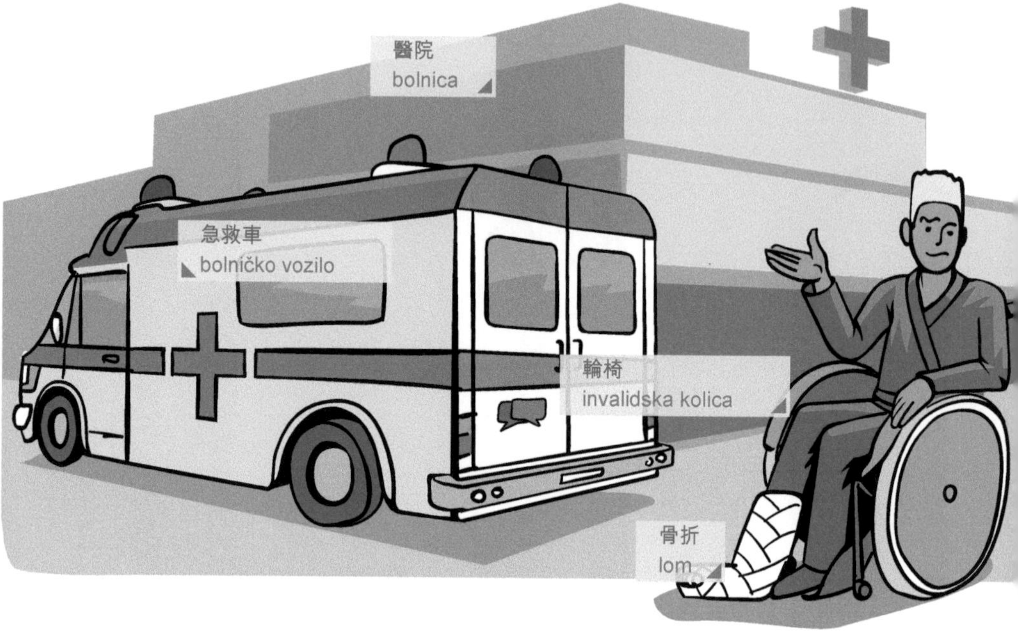

醫院
bolnica
急救車
bolničko vozilo
輪椅
invalidska kolica
骨折
lom

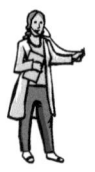

醫師

ljekar

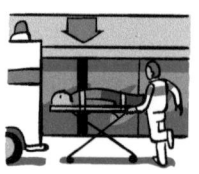

急診室

hitna služba

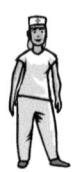

護理師

medicinska sestra

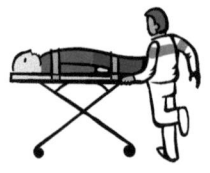

緊急情形

hitna pomoć

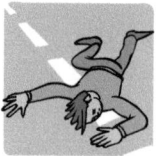

昏迷

nesvjest

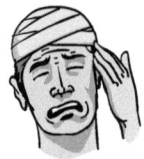

痛

bol

受傷

povreda

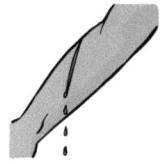

出血

krvarenje

心臟病發作

srčani udar, infarkt

中風

moždani udar

過敏

alergija

咳嗽

kašalj

發燒

groznica

流感

gripa

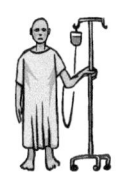

腹瀉

proljev

頭痛

glavobolja

癌症

rak

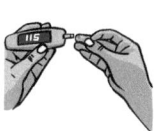

糖尿病

dijabetes

外科醫師

hirurg

手術刀

skalpel

手術

operacija

電腦斷層掃描

CT

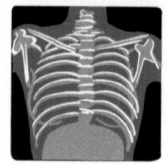

X光

rendgen

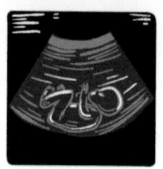

超音波

ultrazvuk

口罩

maska

疾病

bolest

候診室

čekaonica

拐杖

štake

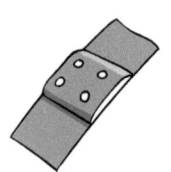

石膏

flaster

繃帶

zavoj

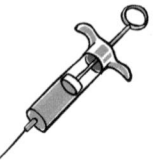

注射

injekcija

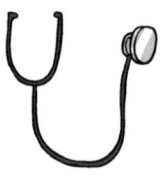

聽診器

stetoskop

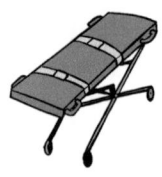

擔架

nosilo

體溫計

termometar

出生

porod

超重

prekomjerna težina, debljina

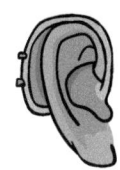

助聽器

slušni aparat

消毒液

sredstvo za dezinfekciju

感染

infekcija

病毒

virus

愛滋病

HIV/ AIDS

藥物

medicina

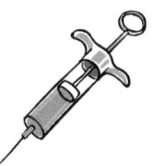

接種疫苗

vakcinacija

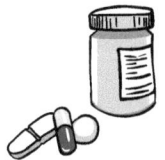

藥片

tablete

藥丸

pilula

急救電話

hitni poziv

血壓計

aparat za mjerenje pritiska

生病/健康

bolestan / zdrav

醫院 - bolnica

救命！

Upomoć!

突擊

napad, prepad

攻擊

napad

危險

opasnost

緊急出口

izlaz u slučaju opasnosti

失火了！

Požar!

滅火器

vatrogasni aparat

意外

nezgoda

急救箱

torba prve pomoći

呼救訊號

SOS

員警

policija

歐洲

Europa

北美洲

Sjeverna Amerika

南美洲

Južna Amerika

非洲

Afrika

亞洲

Azija

澳洲

Australija

大西洋

Atlantik

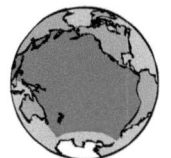

太平洋

Pacifik

印度洋

Indijski okean

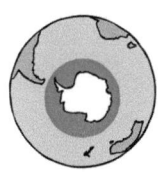

南冰洋

Antarktički okean

北冰洋

Arktički okean

北極

Sjeverni pol

南極
Južni pol

南極洲
Antarktik

地球
Zemlja

陸地
zemlja

海
more

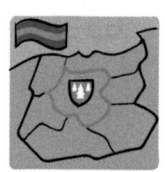

島
ostrvo

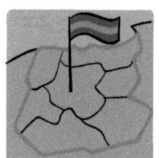

國家
nacija

州
država

錶盤
brojčanik sata

時針
kazaljka sata

分針
kazaljka minute

秒針
kazaljka sekunde

現在幾點？
Koliko je sati?

天
dan

時間
vrijeme

現在
sada

電子錶
digitalni sat

分
mlnuta

時
sat

週

sedmica, nedjelja

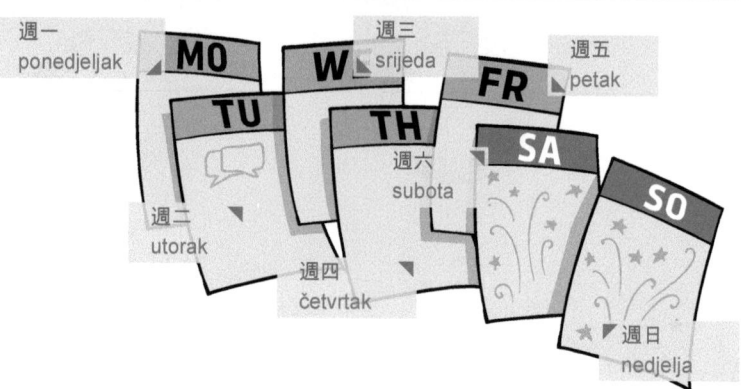

週一 ponedjeljak
週二 utorak
週三 srijeda
週四 četvrtak
週五 petak
週六 subota
週日 nedjelja

昨天

juče

今天

danas

明天

sutra

早晨

jutro

中午

podne

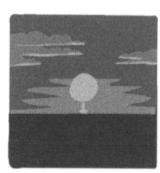

晚上

veče

工作日

radni dani

週末

vikend

年

godina

雨
kiša

彩虹
duga

雪
snijeg

風
vjetar

春
proljeće

秋
jesen

夏
ljeto

冬
zima

天氣預告

prognoza vremena

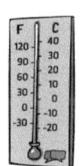

溫度計

termometar

陽光

sunčev sjaj

雲

oblak

霧

magla

潮濕

vlažnost vazduha

閃電

munja

打雷

grom

風暴

oluja

冰雹

tuča, led

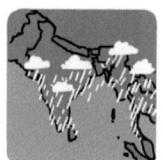

季風

monsun

洪水

poplava

冰

led

一月

januar

二月

februar

三月

mart

四月

april

五月

maj

六月

juni

七月

juli

八月

avgust

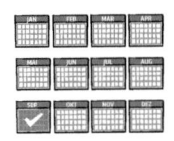

九月
....
septembar

十月
....
oktobar

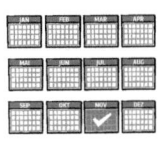

十一月
....
novembar

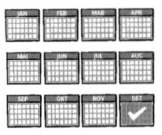

十二月
....
decembar

圓形
....
krug

正方形
....
kvadrat

長方形
....
pravougao

三角形
....
trougao

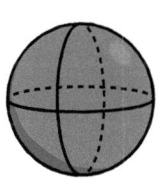

球體
....
kugla

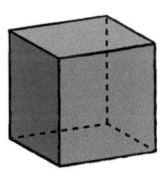

立方體
....
kocka

白

bjel

黃

žut

橙

narandžast

粉

pink

紅

crven

紫

ljubičast

藍

plav

綠

zelen

棕

smeđ

灰

siv

黑

crn

很多/少許

malo / mnogo

生氣/平靜

ljutit / miran

美/醜

lijep / ružan

首/尾

početak / kraj

大/小

veliki / mali

明/暗

svijetlo / tamno

兄弟/姐妹

brat / sestra

乾淨/骯髒

čist / prljav

完整/缺失

potpun / nepotpun

白天/晚上

dan / noć

死/生

mrtav / živ

寬/窄

šlroko / usko

可食用/非食用

ukusno / neukusno

邪惡/善良

zao / prijatan

興奮/無聊

uzbuđen / dosadan

胖/瘦

debeo / mršav

第一/最後

najprije / najkasnije

朋友/敵人

prijatelj / neprijatelj

滿/空

pun / prazan

硬/軟

trvd / mekan

重/輕

težak / lagan

餓/渴

glad / žeđ

生病/健康

bolestan / zdrav

非法/合法

ilegalan / legalan

聰明/愚笨

inteligentan / glup

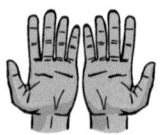

左/右

lijevo / desno

近/遠

blizu / daleko

新/舊

nov / polovan

沒有/有些

ništa / nešto

老/幼

star / mlad

開/關

uključeno / isključeno

打開/闔上

otvoreno / zatvoreno

安靜/吵鬧

tiho / glasno

富/窮

bogat / siromašan

對/錯

tačno / pogrešno

粗糙/光滑

hrapav / glatak

傷心/高興

tužan / srećan

短/長

kratak / dug

慢/快

spor / brz

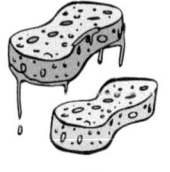

濕/乾

mokro / suho

溫暖/涼爽

toplo / hladno

戰爭/和平

rat / mir

0

零

nula

1

一

jedan

2

二

dva

3

三

tri

4

四

četiri

5

五

pet

6

六

šest

7

七

sedam

8

八

osam

9

九

devet

10

十

deset

11

十一

jedanaest

12
十二
....
dvanaest

13
十三
....
trinaest

14
十四
....
četrnaest

15
十五
....
petnaest

16
十六
....
šesnaest

17
十七
....
sedamnaest

18
十八
....
osamnaest

19
十九
....
devetnaest

20
二十
....
dvadeset

100
百
....
sto

1.000
千
....
hiljada

1.000.000
百萬
....
milion

英語

engleski

美式英語

američki engleski

普通話

kinesko mandarinski

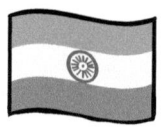

印地語

hindi

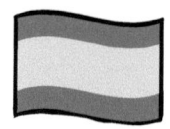

西班牙語

španski

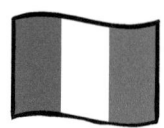

法語

francuski

阿拉伯語

arapski

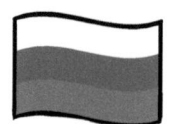

俄語

ruski

葡萄牙語

portugalski

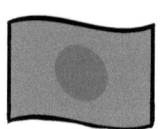

孟加拉語

bengalski

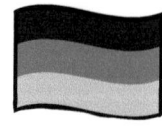

德語

njemački

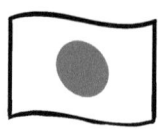

日語

japanski

我
ja

你
ti

他/她/它
on / ona / ono

我們
mi

你們
vi

他們
oni

誰？
ko?

什麼？
šta?

如何？
kako?

何處？
gdje?

何時？
kada'?

名字
ime

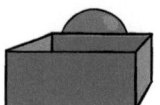

後面

iza

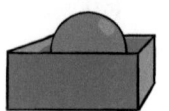

裡面

u

前面

pred

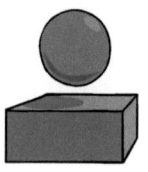

上方

iznad

上面

na

下麵

ispod

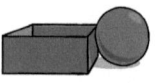

旁邊

pored

中間

između

地點

mjesto